ALEXIS CROSNIER

CHANOINE HONORAIRE

UN CENTENAIRE

A CHANZEAUX

Juin 1799 - Juin 1899

Première Communion dans la coulée de Fruchault en 1799

DISCOURS DE Mgr PASQUIER

EXTRAIT DE LA *SEMAINE RELIGIEUSE D'ANGERS*

ANGERS

GERMAIN & G. GRASSIN, IMPRIMEURS-LIBRAIRES

40, rue du Cornet et rue Saint-Laud

1899

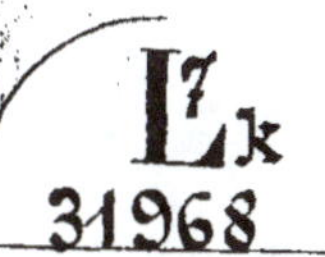

ALEXIS CROSNIER

CHANOINE HONORAIRE

UN CENTENAIRE

A CHANZEAUX

Juin 1799 - Juin 1899

Première Communion dans la coulée de Fruchault en 1799

DISCOURS DE Mgr PASQUIER

Extrait de la *SEMAINE RELIGIEUSE D'ANGERS*

ANGERS

GERMAIN & G. GRASSIN, IMPRIMEURS-LIBRAIRES
40, rue du Cornet et rue Saint-Laud

—

1899

UN CENTENAIRE A CHANZEAUX

Ne vous semble-t-il pas qu'il en pleut dans notre fin de siècle? On fête le passé, sans doute par reconnaissance, par une fierté très légitime, et aussi, peut-être, pour s'y réfugier contre les défaillances de l'heure présente. Il est vrai qu'on en a mis partout, des centenaires : il n'est si petite ville qui, pour avoir une occasion de discourir et de banqueter, ne se soit découvert un grand homme. N'importe : je vous défie de trouver un centenaire plus aimable et plus attendrissant que celui qui nous réunissait, dimanche dernier, à Chanzeaux. Le souvenir que nous venions y rappeler était vraiment incomparable ; et, grâce au concours de tous, la journée a été très douce et très touchante.

Vous connaissez le fait, vieux de cent ans : cette première communion dans la « coulée » de Fruchault, à une date indécise de l'année 1799. M. le comte Théodore de Quatrebarbes en a parlé avec charme dans son beau livre : *Une paroisse vendéenne...*, et, du reste, Mgr Pasquier vous le redira tout à l'heure. Je veux simplement vous apprendre comment nous en avons réveillé, l'autre jour, les échos assoupis.

Aussitôt que M. le Curé de Chanzeaux eut annoncé la cérémonie commémorative, ce fut une joie unanime, non pas seulement dans sa paroisse, mais dans toutes les paroisses d'alentour. On l'attendait avec impatience ; on se demandait seulement, non sans inquiétude, si Dieu nous accorderait un temps favorable. Il arriva, le jour désiré ; il fut tel qu'on le souhaitait. Le ciel, comme la terre, était en liesse. De tous les côtés, par les routes blanches et les chemins verts, les pèlerins s'acheminaient vers le lieu de la réunion. Quelques-uns étaient venus de loin : de Noirmoutier, de Paris —

saluons le député du Morbihan, qui a été si heureux de se joindre à ses compatriotes — ou d'Angers.

Vers 9 heures 1/2, à la ferme de Fruchault, une procession s'organisa : derrière la Croix, la précieuse Croix que portait, au Pin-en-Mauges, Cathelineau, *le Saint de l'Anjou*, petits garçons ayant leur brassard de communiants et, sur la poitrine, l'image du Sacré-Cœur, petites filles en robes blanches (1), fidèles et clergé, se mirent en marche, au chant des psaumes et des cantiques. Nous cheminions par les longues prairies, où l'on respirait la bonne odeur des foins fraichement coupés, dans les sentiers gazonnants que nous indiquaient, de distance en distance, des lis piqués dans les haies, ou bien des étendards qui mettaient une flamme dans les arbres verts ; et les trilles des fauvettes, en gamme beaucoup plus haute, accompagnaient nos voix. Dans le ciel bleu, le gai soleil rayonnait.

Nous voici dans le vallon célèbre. D'autres pèlerins, en grand nombre, nous y attendent : châtelains et châtelaines des environs, mêlés aux ouvriers et aux paysans. Tout le monde se groupe, en quelques minutes, et se dispose pour la cérémonie sainte. Le spectacle est ravissant ; et je félicite M. le Vicaire, qui a préparé toute chose avec un zèle digne d'éloges. Le vieux chêne, le seul témoin survivant — puisque son compagnon, le *confessionnal*, a été abattu — dresse dans le ciel ses grands bras décharnés ; çà et là, sur sa tête, il y a encore quelques cheveux ; en place des feuilles qui lui manquent, on a mis des oriflammes qui frémissent au vent et, de leurs couleurs voyantes, animent le paysage. A son tronc est adossé un autel très simple, au-dessus duquel est placé, dans un cadre de verdure, une copie du tableau qui représente la « Cène » de 1799. Ce tableau — détail curieux ! — cache un essaim d'abeilles qui ont établi leur atelier dans le vieux tronc et qui voltigent autour des branches ; mais on ne l'a pas dit, par crainte d'effrayer les gens nerveux. A droite, on a dressé une petite estrade pour l'officiant et ses ministres. L'officiant est un fils de Chanzeaux, dont Chanzeaux est fier, le « Recteur magnifique » des Facultés Catholiques de l'Ouest, qui a exalté plus d'une fois les gloires de sa petite patrie, et qui, avec un charme nouveau, va nous les redire encore. Tout à l'heure, en l'écoutant, je me rappellerai le mot de

____

(1) Les uns et les autres avaient communié le matin.

Lacordaire, si touchant et si profond : « L'amour n'a qu'un mot ; en le disant toujours, il ne le répète jamais ». Mgr Pasquier, revêtu des ornements pontificaux, s'apprête à célébrer la messe. Il est assisté de M. l'abbé Colombeau, chapelain du château, et de M. l'abbé Bossard, qui a écrit dernièrement « un nouveau chapitre des actes des martyrs » et en écrira d'autres pour l'histoire de la Vendée, *La Terre qui vit*. Quatre jeunes Franciscains, vêtus d'une robe de bure grise et ceints d'une corde blanche, portent pieusement les insignes du protonotaire : la foule les contemple d'un œil curieux et attendri. Quelques chanoines sont sur l'estrade, parmi lesquels M. l'abbé Pinier, curé de Vezins, qui dirige les cérémonies, et M. l'abbé Roissant, vicaire-général de Nicopolis. D'autres prêtres, professeurs ou élèves de l'Ecole Saint-Aubin, font à leur Supérieur une gracieuse couronne. L'assistance est massée tout autour, dans le creux du vallon et sur les coteaux voisins ; les toilettes claires et les ombrelles éclatent dans la verdure. Elle est attentive et recueillie, comme celle d'il y a cent ans. Mais une note, par trop moderne, nous ramène à notre fin de siècle : une douzaine de photographes-amateurs pointent sur nous leurs appareils ! Il faut nous résigner. Que voulez-vous ? Où que nous allions, nous sommes désormais leur proie.

La messe commence, très solennelle et très grave, suivant les rites pontificaux. Mgr Pasquier, mitre en tête, est au bas de l'autel. La *schola cantorum* de l'Ecole Saint-Aubin, entraînée par un disciple enthousiaste de Solesmes, exécute le plain-chant, suivant la méthode grégorienne, avec goût et d'un bel ensemble. Au *Credo*, la foule répond de tout son cœur. La sonnette manqua, et on l'a regrettée. A tort : car c'était un trait de ressemblance de plus avec la première cérémonie, quand, à la reprise des hostilités, les soldats vendéens, qui craignaient l'arrivée des Bleus, montaient la garde sur les coteaux.

Puis, la bénédiction solennelle donnée et la messe finie, Mgr Pasquier fut conduit vers une chaire champêtre, décorée de feuillages et d'une draperie blanche. Alors, d'une voix forte, qui fut entendue de tout l'auditoire, il nous donna le discours que voici. Lisez-le, comme nous l'avons écouté, avec recueillement et tendresse. Et, quoique vous ne soyez pas de la paroisse, allez-y de votre douce larme. J'ai vu bien des yeux se mouiller, quand tombaient sur la foule attentive ces paroles émues, qui chantaient la piété, l'héroïsme et la gloire des ancêtres. Ceux qui les ont reçues les garderont dans leur cœur :

« Mes chers amis,

« Il y a cinquante-sept ans, les habitants de Chanzeaux se réunissaient, comme nous le faisons aujourd'hui, dans cette coulée de Fruchault, pour y célébrer le souvenir d'un événement touchant, d'une cérémonie de première communion faite ici même en 1799. Le prêtre qui avait préparé les communiants et célébré la sainte messe, était devenu évêque de Luçon depuis de longues années. C'était un vieillard. Il avait, après la Révolution, soutenu de nobles luttes pour sauvegarder les saintes libertés de son Eglise. Après les fatigues d'une vie pastorale remplie de nombreux travaux, il lui était agréable de revenir ici évoquer les souvenirs très lointains d'une des pages les plus émouvantes de sa jeunesse sacerdotale. Mgr Soyer, en 1843, était revenu à Chanzeaux pour présider une procession dans ce vallon de Fruchault. Il était accompagné de deux hommes dont la figure m'apparait toujours et tout d'abord quand je veux me représenter ma paroisse d'il y a quarante ans : M. de Quatrebarbes et M. le curé Peltier. Le châtelain et le curé étaient alors dans la force de l'âge et dans tout l'éclat de leurs travaux et de leur réputation.

« Les hommes de mon âge et les vieillards peuvent se figurer ce qu'était alors le comte de Quatrebarbes, établi depuis douze ans, par son mariage, dans le château de Chanzeaux. Grand, d'allures nobles et militaires, il portait dans toute sa personne comme le reflet d'une jeunesse brillamment dépensée sur les champs de bataille : il avait été soldat en Espagne, en Algérie. Il avait écrit l'histoire héroïque de nos ancêtres : *Une paroisse vendéenne sous la Terreur*. Il retraçait parmi ses chers paysans la vie exemplaire du gentilhomme chrétien. Il aimait nos pères, et nos pères l'aimaient et l'admiraient. Ils sentaient qu'en lui ils avaient un chef et un modèle. A sa suite, ils auraient été capables de reproduire les actes d'héroïsme du vieux temps de la Vendée. A sa suite, ils menaient une vie de chrétiens accomplis, et on citait leur exemple dans les paroisses des environs.

« A la droite de Mᵍʳ Soyer se trouvait M. Peltier, curé depuis peu de temps. La plupart d'entre vous l'ont connu. Sous un aspect un peu sévère, il cachait un cœur dévoué, ardent pour le salut de ses paroissiens. Esprit très orné et très cultivé, il donnait à tous ceux qui l'approchaient une impression de respect et d'estime pour sa parole. On lui obéissait avec confiance et on était fier d'obtenir de lui un mot d'éloge, car on était assuré qu'il ne le donnait qu'au mérite. Nature droite et parfaitement bonne, il était digne de commencer son ministère ici par cette belle procession commémorative des grands jours d'autrefois.

« M. de Quatrebarbes et M. Peltier avaient convoqué pour cette cérémonie tous les hommes et les femmes qui restaient encore des communiants de 1799.

« Ces anciens communiants vinrent nombreux, non seulement de Chanzeaux, mais des paroisses d'alentour, qui avaient pris part à la cérémonie de la grande Révolution. Vous les représentez-vous, ces hommes et ces femmes de cinquante ans, revenant, après bien des travaux et des événements gais ou tristes, plus souvent tristes que gais, dans cette coulée qu'ils n'ont jamais revue depuis qu'ils y ont fait leur première communion, et retrouvant sous les habits pontificaux, en cheveux blancs et cassé par la vieillesse, le prêtre qui, à 33 ans, les avait préparés et admis à l'acte le plus solennel de leur enfance ? Quelles émotions ! quelles joies ! quelle vision éblouissante du passé ! Quand M. Mérit, ancien curé de Saumur, prêchait les enfants qui devaient faire leur première communion, il citait habituellement un trait touchant de l'un de ces hommes, de son père, ancien communiant de 1799. Ce brave homme était venu de la Jumellière, où il habitait. Arrivé dans de vallon, il sentait battre son cœur bien fort. Il tenait son enfant par la main. A mesure qu'il s'approchait du chêne où avait été appuyé l'autel provisoire, son émotion augmentait, ses yeux cherchaient à refaire la scène d'autrefois et à remettre chacun à sa place. Tout à coup, sa main tremble, ses yeux se mouillent de larmes, sa voix éclate tout émue : « A genoux, mon enfant : c'est là que j'étais ! »

« Oui, mes amis, c'est là qu'ils étaient il y a aujourd'hui cent ans. Si ces coteaux avaient des voix, si ce chêne vénérable, témoin des scènes émouvantes du vieux temps, pouvait parler, que de récits touchants ils nous feraient et sur nos grands-pères et sur nos grand'mères ! Quelles conversations ils nous rapporteraient, conversations établies entre les communiants et leurs parents qui, depuis sept ans, ont traversé toutes les horreurs de la guerre, perdant famille et amis dans les combats ou dans les massacres, perdant leurs maisons et leurs biens dans les incendies, et, malgré la mauvaise fortune, inébranlables dans leur foi et leur confiance en Dieu !

« O mères de nos grand'mères, qu'elle devait être sublime en sa simplicité, la préparation ou l'action de grâces que vous suggériez à vos enfants ! L'acte de foi, vous l'accomplissiez en venant ici de bien loin pour leur faire donner Dieu. Votre confiance en la Providence jaillissait de tous les actes de vos journées.

« Mon fils, disiez-vous, le bon Dieu que tu reçois devra être « pour toi plus que l'or et plus que le plaisir. Si les jours mauvais « continuent contre l'Eglise et son Christ, tu n'iras point avec ceux « qui trahissent la religion. Tu resteras fidèle jusqu'au martyre à « ton Dieu et à ta foi. » Mais que dis-je? Pourquoi exprimer des vœux? En vérité, ces coteaux ont leur voix; ce chêne, ce vallon, ces lieux nous parlent. C'est pour les entendre que nous sommes ici assemblés. C'est pour refaire, aussi vivante que possible, la scène inoubliable, si souvent redite par les anciens aux veillées d'hiver, que nous avons voulu célébrer cette messe. C'est pour recevoir et recueillir en nos cœurs, plus vivante et plus éloquente, la leçon qui se dégage ici de tout ce qui nous entoure, de tout ce qui a été le témoin des saintes agapes de nos pères, un jour de printemps, alors qu'un jeune prêtre les avait réunis ici, sur les bords de la rivière d'Hirôme, loin de toute habitation, pour se fortifier en commun et dans le calme, par la cérémonie (hélas ! bien rare alors) d'une première communion. Figurez-vous l'état de la paroisse alors : depuis sept ans le curé, le vénéré M. Blondel de Rie, est exilé en Espagne où il a été déporté avec ses deux vicaires, pour n'avoir pas voulu prêter un serment sacrilège. Ce saint prêtre avait évangélisé la paroisse pendant trente-deux ans avant d'être emmené dans les prisons d'Angers et en exil. Avec quel zèle, ceux-là nous l'auraient dit qui, quatre mois après la communion de Fruchault, couraient au-devant de lui jusqu'à la *grand'route*, quand ils eurent appris le retour de ce bon père au milieu de ses enfants. L'église a été brûlée, son clocher incendié, ce clocher que nous gardons comme une relique précieuse des jours héroïques, avec ses trous de balles, ses brèches vénérables et ses pierres noircies ; depuis des années il est ruiné, ses cloches, si joyeuses autrefois, sont muettes. On dirait un soldat qui s'est vaillamment battu et qui demeure couvert de blessures, désarmé et sans voix. Du bourg, si coquettement assis sur son coteau, tourné au vent de galerne, il ne reste que des ruines noircies par des incendies successifs. Vingt maisons à peine sur cent restent intactes. Il en est de même des villages de la Brosse, de la Jutière, du Plessis, de la Beltière, de la Babinière : partout des pans de murs noircis, là où avaient été les maisons. Les fermes isolées ont eu le même sort que les villages : de la Chauvellière aux Bretesches, de la Plarnière à Saint-Ambroise, on ne trouverait guère de métairie qui n'ait eu sa maison, ses étables ou ses granges, quelquefois le tout ensemble atteint par les flammes.

« Les habitants de Chanzeaux ont-ils donc fui ? Se sont-ils abandonnés comme des moutons à la cruauté de l'ennemi ? Oh ! non. Les hommes ont été des héros. Ils se sont battus comme des lions sur tous les champs de bataille de la Vendée. Eux, si doux et si bons, formés dans le calme des champs à l'exercice des vertus chrétiennes et domestiques, eux que le seul reproche de leur mère ou de leur curé aurait fait rougir et aurait ramenés à l'exercice de leurs devoirs, s'ils s'en étaient écartés, ils ont eu le courage des plus grands capitaines et des soldats les plus intrépides. Les Forest, les Legeay, ont exécuté des prouesses. Tous les noms que nous portons ont été illustrés sur les champs de bataille de Cholet, de Vihiers, de Parthenay, de ce côté-ci et au delà de la Loire. Les « gars de Chanzeaux » sont de tous les coups de main qui exigent de la décision et du sang-froid : à la prise de Thouars, au grand choc de Saint-Pierre, au Pont-Barré, je trouve le nom de mon grand-père uni aux noms de beaucoup d'entre vous, des Ragueneau, des Bompas, des Martineau, des Picherit, des Rouchoux, des Fougeray, des Bureau, des Blanchard, des Courcault, des Rhuillier, des Savary, des Fribault, des Rochard, etc., etc. A tous les passages du Layon, gardés par les Vendéens, on trouverait des jeunes gens de Chanzeaux. Et d'où vient tant de bravoure en des âmes si simples, s'élevant tout à coup à la hauteur des plus grands hommes dont nos histoires anciennes célèbrent les exploits ? De leur foi, de leur foi en Dieu, de leur invincible amour pour la religion qui a civilisé le monde et que l'on veut bannir de leur France.

« L'héroïsme des vieillards, des femmes et des enfants n'a pas été moins grand. Ils ont erré pendant des années à travers cette grande paroisse, décimée et incendiée sans cesse par les bandes révolutionnaires qui commençaient ici leurs sauvages incursions en Vendée. Ils ont été traqués au bois Febretin, aux coteaux de la Houssaye ; ils ont été égorgés à la Croix de la Chauvellière, au moulin de l'Hirôme. A chaque coin de notre paroisse se dresse encore tout frais un tertre funéraire. C'est un champ des martyrs, et ces martyrs sont les parents de ceux qui se sont réunis ici en 1799. A quelques pas d'ici, dans les champs de Couthon, ont été cachés par des mains pieuses, par Musseau, les vases sacrés et la vraie Croix de la paroisse. Quel aspect, mon Dieu, a notre Chanzeaux au moment de cette première communion ! La Rome des Catacombes pourrait seule donner une idée de l'aspect que notre Chanzeaux présente alors aux anges du ciel. La terre cache les vases sacrés et les reliques ; les corps des martyrs sont disséminés dans tous les lieux écartés où la piété des frères a pu les recueillir en paix et les ensevelir. Les hommes valides sont revenus, décimés, de campagnes lointaines pour eux, le chapelet à la main, l'image du Sacré-Cœur cousue sur leur habit. Parmi les femmes et les jeunes filles, quelques-unes ont été emmenées de vive force à Angers, à Nantes, pour être fusillées ou noyées — pauvres et faibles colombes que la pureté innocente de leur vie n'a pu sauver de la cruauté des vautours. Cependant, comme elles étaient belles et touchantes ! Comme elles étaient bien faites pour attendrir et désarmer des courroux purement humains, ces jeunes filles de notre bourg qui accompagnaient en chantant des cantiques Mlles Picherit, alors qu'elles étaient conduites par leurs bourreaux, de l'église au moulin du Pont, pour y être fusillées !

« Mais restons pour l'instant dans cette *coulée* : concentrons nos regards sur ces groupes de parents et d'enfants qui, dès l'aube, sont arrivés ici, partis bien avant le premier rayon du jour du lieu où ils habitent. Ils viennent des villages et des métairies, non seulement de Chanzeaux, mais de Joué, de Gonnord, de la Jumellière, de Sainte-Foy, de Saint-Lambert et de Chemillé. Ils sont de quatre à cinq cents ; il y a si longtemps que les églises sont fermées :

sept ans ! si longtemps qu'on n'a pas pu célébrer une fête religieuse, qu'à la première nouvelle de celle-ci, nouvelle colportée de hameau en hameau par des messagers fidèles, les mères de famille se sont mises en mouvement pour préparer leurs enfants. Elles se sont fait d'avance une félicité impossible à décrire. La première communion pour leurs enfants, pour ces enfants qu'elles ont élevés et instruits elles-mêmes dans les masures échappées à la guerre, souvent dans les genêts ou les bois ; ces enfants à qui elles ont répété soir et matin et les prières habituelles du chrétien et les leçons du catéchisme, avec un zèle d'autant plus actif qu'elles suppléaient les prêtres absents ! O bonnes et pieuses Vendéennes, vos leçons, j'en suis sûr, étaient efficaces. Vous saviez si bien votre religion ; vous aviez pénétré si avant dans les beautés du dogme catholique ; vous aviez vécu dans une foi si ardente, augmentant par la pratique des vertus chrétiennes le trésor des connaissances sublimes que vous avaient transmis vos ancêtres ! Nous aussi, mes chers amis, comme les enfants de 1799, nous devons le meilleur de notre savoir à nos mères, à ces femmes si dévouées et si solides en leur croyance, que les écoles mondaines n'en ont jamais formé ailleurs de comparables. A elles, après Dieu, nous sommes redevables de ce qu'il y a de toujours jeune dans notre âme, de toujours vivace et prêt à fleurir en vertus pour l'éternité : la foi, la foi en Jésus-Christ notre Dieu, la foi en son Eglise, la foi en son sacerdoce représenté par ses prêtres.

« J'ai feuilleté bien des livres, j'ai entendu les leçons de bien des docteurs, je n'ai jamais rencontré un maître dont les leçons pussent suppléer pour mon âme celles de nos mères, parce que les leçons de celles-ci étaient celles de Dieu, parce qu'elles nous enseignaient ce qu'il importe de savoir sur cette vie et sur l'autre, parce qu'elles nous formaient un cœur capable de faire germer de cette vie de souffrance l'éternité bienheureuse.

« Les mères venues ici en 1799 s'étaient longtemps demandé si la fin du monde n'était pas arrivée (les guerres avaient été si terribles et si désastreuses !) ; si jamais leurs enfants, instruits par elles, pourraient recevoir les sacrements de l'Eglise. Je vous ai dit que leur curé, M. Blondel de Rie, et ses vicaires, avaient été déportés en Espagne ; les prêtres des environs avaient été emmenés ou tués. On parlait bien de quelques-uns, cachés dans les métairies ou dans les genêts, qui, de temps à autre, faisaient en cachette quelques cérémonies. Mais c'était rare. Et il était si difficile de se réunir autour d'eux pour une cérémonie de première communion !

« Cependant elles avaient pu depuis quelque temps rencontrer ici et là, dans les ruines de leurs maisons ou dans les coteaux de cette paroisse, un jeune prêtre de 33 ans, revenu exprès de Poitiers, en 1795, pour exercer ici le saint ministère. Elles avaient entendu dire qu'il était allé jusqu'à Sainte-Foy pour administrer et enterrer M. Provost, le curé de cette ancienne paroisse, victime de son dévouement à ses ouailles qu'il n'avait pas voulu quitter. Depuis quatre ans, ce jeune prêtre, brave comme ses trois frères qui avaient fait la grande guerre, parcourait en tous sens le pays, portant les secours de la religion aux malades, baptisant les nouveau-nés et bénissant les mariages. Comme au temps de la primitive Eglise, les maisons les plus simples servaient de temples aux mystères de la religion, quand ce n'était pas la voûte du ciel qui seule les couvrait. Je me souviens avoir entendu un vieillard me raconter les incidents de la dernière messe célébrée par l'abbé Blanvillain à Bel-Air, le matin du jour où fut incendié le clocher. Ce vieillard était l'ancien enfant de chœur : il rapportait sous son bras les ornements sacrés, quand on annonça l'arrivée des bleus. Il n'eut que le temps de les jeter dans un buisson et de courir se réfugier dans le clocher avec les femmes et les vieillards qui s'y étaient réunis.

« Je voudrais pouvoir vous peindre maintenant, par la parole, l'extérieur de la cérémonie d'autrefois. Sur les coteaux, à droite et à gauche, les hommes valides, revenus des campagnes d'outre-Loire, montent la garde. Il y en a des paroisses avoisinantes ; ils ont amené leurs enfants ; ils les protègent. Je sais que le grand-père des abbés Saudreau et du maire actuel de Saint-Lambert était parmi ces grand'gardes.

« Mes chers amis, vos enfants ont toujours besoin d'être protégés contre l'ennemi ; cet ennemi, en nos temps modernes, c'est la mauvaise compagnie, l'homme qui parle mal de la religion, le journal qui attaque le prêtre. Ah ! montez bien la garde autour d'eux sur vos coteaux. Pendant que vos enfants se préparent à leur communion, pendant qu'ils grandissent et qu'ils se forment aux vertus des ancêtres, ne permettez pas qu'ils soient atteints de ces souffles empestés de mauvaises doctrines et de dangereux propos, qui viennent des petites villes aussi bien que des grandes. Ne laissez approcher d'eux aucun ennemi de votre foi et de votre Dieu. Montez une garde vigilante ; l'ennemi est si perfide et l'âme de vos enfants est si précieuse et si facile à corrompre ! Ayez pour vos enfants les frayeurs prévoyantes de nos grand'mères de ce temps-là. On raconte dans les annales de nos Champs-des-Martyrs, que lorsqu'une mère était conduite à la mort avec ses enfants, nouvelle sainte Félicité, elle demandait à mourir la dernière pour être sûre de la constance de tous ses enfants juqu'au dernier (1).

« Les femmes vendéennes d'alors, ces simples paysannes en capot, telles que nous les avons encore vues en notre petite enfance, ont peut-être dans leur ensemble, par leurs vertus de courage et de désintéressement, par l'élévation de leurs sentiments, bien au-dessus, ce semble, de leur condition sociale, par leur dévouement religieux à l'âme de leurs enfants, constitué le type idéal de la mère chrétienne, telle que peut la former le christianisme seul, en dehors de toutes les sciences profanes, de tous les raffinements futiles de ce que certains hommes appellent la civilisation moderne. Elles savent, par une instruction familiale transmise de génération en génération au foyer, les vérités chrétiennes qui expliquent la vie, qui la règlent, qui la rendent précieuse aux hommes et à Dieu. Elles ont conformé leur vie à ces vérités. Elles sont modestes : selon la doctrine de saint Paul, elles demeurent voilées devant les hommes dans le saint lieu. Elles portent sur leur visage une paix, pleine de distinction, qui ne se puise que dans une vie de sentiments élevés. Avec cela elles sont capables de tous les dévouements, surtout de ceux qui incombent aux épouses et aux mères. Elles soutiennent leurs maris et les encouragent dans l'accomplissement de leurs devoirs. Elles sont par excellence des mères de famille. Elles se dévouent du matin au soir aux enfants qu'elles ont allaités. Elles aiment chez eux avec ordre tout ce qui est aimable : la pureté, la piété, l'obéissance. Elles se préoccupent de faire germer et grandir en eux ces vertus. Elles détestent en eux et ruinent autant qu'elles peuvent ce qui est mal et détestable : le péché, le mensonge et la paresse surtout. Elles sont les femmes les plus parfaites et les mères par excellence, puisqu'elles s'efforcent

(1) Mme Saillant.

d'élever leur famille, ici-bas, de telle sorte qu'elles puissent la reconstituer dans le bonheur de l'éternité.

« Les enfants qui étaient réunis alors pour la première communion étaient assurément, par certains côtés, comme ceux d'aujourd'hui. Aux charmes de leurs dix, douze ou quinze ans, ils joignaient l'imprévoyance de l'avenir, l'heureux abandon aux joies du présent. Sous ces cheveux blonds ne se rencontraient ni les profonds calculs, ni même la crainte des luttes possibles. Mais ils avaient, plus que ceux d'aujourd'hui, avec le respect de leurs parents, la conformité de goûts et de pensées avec eux. Elevé près de sa mère, sous la tutelle exclusive de son père, l'enfant de 1799 n'a point connu les dissipations trop habituelles à notre époque. Il se mire avec complaisance dans le regard de sa mère; il y cherche la règle de ses actions, un encouragement pour le bien dans son sourire.

« Chers communiants de 1799, quels trésors de foi avaient amassé en vos âmes les leçons de vos mères, puisque, devenus les vieillards de cette paroisse et des paroisses voisines, vous gardiez encore sous vos cheveux blancs une piété et un zèle qui édifiaient notre enfance et qui nous apparaissent de loin comme les vertus d'un âge privilégié et que nous n'osons plus espérer revoir. Je ne suis pas étonné que vous ayez laissé dans vos familles cette ardeur de foi qui engendre les prêtres et les religieux. Vous avez presque tous fourni au sacerdoce ou aux cloîtres quelques-uns de vos enfants ou de vos petits-enfants. — Je suis tout fier de m'unir aux abbés Mérit, Saudreau, Frappereau et autres, et de dire : « Ma grand'mère était parmi les communiants de Fruchault et mon grand-père montait la garde sur les coteaux. »

« Quand on étudie l'histoire de notre pays et, en particulier, les grands événements dont nous célébrons le centenaire et dont l'héroïsme le dispute aux plus belles pages des livres anciens, on ne peut comprendre que si l'on suit dans chaque famille les traditions de foi et de piété, héritées d'âge en âge, agrandies par chaque génération. Les prédications ardentes d'un Grignon de Montfort perpétuaient leurs effets de sanctification. Les vertus de ceux qui avaient résisté aux huguenots du xvie siècle prolongeaient leur influence jusqu'au xviiie siècle finissant. La foi, quand elle est profondément entrée dans le sol d'un pays, lorsqu'elle a été éprouvée par la lutte, grandit et se fortifie par le temps comme les chênes de ce vallon. Les héros que nous célébrons ont représenté l'âge viril de la foi chrétienne en ce pays ; cette foi, ils l'ont portée jusqu'au martyre. Aussi j'applaudis à l'initiative de Mgr Catteau, évêque de Luçon, le vénéré successeur de Mgr Soyer. Il vient de recommander à son clergé de recueillir soigneusement tous les actes des victimes de la grand'guerre — de ceux qui ont souffert et qui sont morts pour leur foi — afin d'obtenir de l'Eglise qu'elle les vénère sur ses autels. Rome encourage ce zèle patriotique : elle a déjà accueilli comme dignes des annales de ses martyrs les actes des pieuses Carmélites de Compiègne, mortes pour leur foi. Recueillons, nous aussi, les actes de nos martyrs ; ils auront la louange de l'Eglise ; ils auront les honneurs de nos autels. Ils seront nos patrons après avoir été nos modèles et les pères de notre foi, de cette foi vendéenne toujours agissante, qui a créé et qui alimente nos grandes communautés de Chavagnes, de la Salle, de Torfou, de Saint-Laurent, de la Pommeraye, des Gardes, de Chemillé, qui a fait et qui fait encore sortir de terre une blanche floraison d'églises nouvelles, aussi nombreuses qu'aux siècles les plus chrétiens de notre histoire. Saluons d'avance ces jours bénis où les noms de nos pères et de nos mères, morts pour leur foi, seront unis, par l'Eglise infaillible, aux noms des patrons séculaires de nos paroisses. Quand on recueillera les traits édifiants de leur histoire, on sera embarrassé par leur grand nombre. L'amour du Dieu vivant qui inspirait leur conduite leur faisait faire comme naturellement des choses héroïques. La doctrine si simple et si parfaite de leur *Pater* suffisait à les grandir jusqu'au sublime.

« C'était à une lieue d'ici, après le *grand choc* de Saint-Pierre de Chemillé : quatre cents prisonniers bleus étaient renfermés dans le Prieuré. Les Vendéens, exaltés par la vue des incendies qui, depuis le Pont-Barré jusqu'à Chemillé, dévoraient villages et métairies, voulaient se venger par le massacre de ces prisonniers. Le général d'Elbée, qui venait de remercier Dieu dans l'église, veut arrêter le massacre. Pour la première fois, sa voix est méconnue. « — Savez-vous votre *Pater* ? » crie-t-il aux Vendéens. Puis, se jetant à genoux, il récite la divine prière. Après avoir prononcé les mots : « Pardonnez-nous nos offenses, comme nous pardonnons à ceux qui nous ont offensés, » il se lève : « — Ah !

vous voulez que Dieu vous pardonne ? Egorgez maintenant les prisonniers, si vous l'osez ! » A ces mots, toutes les colères s'apaisent ; des larmes de repentir coulent et succèdent aux cris de vengeance ; on baise les mains, les vêtements et les armes du bon général. La paix et le pardon des injures étaient entrés dans les âmes. L'Evangile, qui avait formé ces cœurs pour les glorieuses résistances, les rendait doux et généreux à l'école de Jésus-Christ leur Dieu.

« Mes chers amis,

« Vous savez comme moi à quel point nous sommes redevables de nos bonnes actions aux exemples de ceux qui nous ont précédés dans la vie ! Les livres et les sermons nous proposent toujours quelqu'un à imiter. Mais souvent les hommes dont on nous parle et dont on vante devant nous les belles actions sont tellement éloignés de nous par leurs conditions sociales, par leur genre de vie, par les pays dans lesquels ils ont vécu, que nous nous les figurons volontiers comme des êtres d'une autre nature que nous et presque en dehors de l'humanité. La leçon nous plaît et nous divertit, sans nous porter à la suivre.

« Mais ici nous sommes en face de personnes de notre famille, de notre connaissance, pour ainsi dire ; ils habitaient les mêmes villages et les mêmes fermes, ils labouraient les mêmes champs, ils vivaient de la même vie que nous, jouissant de ces mêmes horizons, de ces horizons si doux et si calmes qu'ont appris à aimer nos yeux d'enfants et dont ils gardent la pure vision, à quelque distance des bords de l'Hirôme que notre mission nous ait transportés. Ils ont fréquenté la même église et ont été instruits par les mêmes prêtres. Les imiter nous semble plus facile. Que dis-je, facile ? Faire autrement qu'eux serait déroger aux habitudes de famille ; ce serait nous rendre indignes de la gloire qu'ils nous ont gagnée et de la protection qu'ils nous gardent.

« Quand M. de Quatrebarbes fit peindre le tableau qui représente la première communion de Fruchault, il fit venir les petits-enfants des communiants de 1799 pour servir de modèles à l'artiste. Est-ce que, Mes Frères, nous pouvons nous flatter d'avoir conservé les traits de ressemblance morale avec nos grands-pères et nos grand'mères ? Avons-nous la pureté de leur foi, l'ardeur de leur piété ? Aimons-nous comme eux la sainte religion ? Fréquentons-nous comme eux les sacrements ? Il faut que les anges gardiens de cette paroisse, comme autrefois le peintre de ce tableau, retrouvent les traits des ancêtres dans les petits-fils ; et si, un jour, l'Eglise met nos martyrs sur ses autels, il faut que nous reconnaissions en nous quelque étincelle de ce zèle et de ce feu de charité qui ont mérité à nos pères la gloire à jamais éclatante de la sainteté. »

L'orateur avait interprété, de toute son âme, les sentiments qui se pressaient dans tous nos cœurs. Il nous avait fait entendre la voix des anciens, en dégageant de leur vie chrétienne les plus fortifiantes leçons.

Douce fête, à laquelle on peut dire que rien ne manqua, sinon les chers absents que le devoir ou la maladie avaient retenus loin de nous. Cependant — faut-il l'ajouter ici ? — j'ai déploré, pour ma part, qu'on n'ait pas fait renouveler publiquement les promesses du baptême aux communiants de 1899, en souvenir des communiants de 1799 et de 1843. La scène eût été, ce me semble, plus belle encore, plus émouvante et plus complète. Mais, en dépit de cette lacune — si toutefois c'est une lacune — nous avons chanté, à pleine voix et d'un cœur unanime : *Te Deum laudamus.* Oui, gloire à vous, Seigneur, qui avez accordé aux ancêtres la foi chrétienne, source de leur honnêteté et de leur vaillance, et qui la conservez intacte à leurs fils, dans les jours mauvais que nous traversons. Puissent-ils se transmettre à jamais, de génération en génération, ce flambeau divin, la seule lumière sur le chemin du ciel ! *Te Deum laudamus.*

Angers, imp. Germain et G. Grassin. — 1298-99

168